AF247208

UN

CONSEIL GÉNÉRAL

SOUS L'EMPIRE

PAR

EDOUARD DE SONNIER

PRIX : 30 cent.

BLOIS

J. MARCHAND, IMPRIMEUR EDITEUR, RUE HAUTE, 2

—

M DCCC LXXI

S'adresser, pour toutes les demandes d'exemplaires, à
M. MARCHAND, éditeur.

Un Exemplaire,   **30** c.
Cent Exemplaires,   **20** fr.

UN CONSEIL GÉNÉRAL

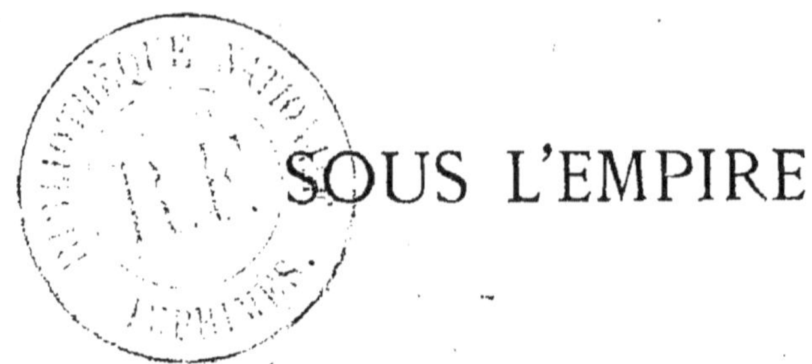

SOUS L'EMPIRE

L'empire nous a donné pendant dix-huit ans la comédie du suffrage universel mystifié ; elle se jouait en deux actes, avec grands décors, pompeuses réclames et force agents de police. Le premier acte, c'était l'élection ; la représentation était publique. Le second se passait à huis-clos entre le gouvernement et les élus, sur un théâtre de famille, avec quelques amis invités pour applaudir. — A la fin, la foule laissée dehors, se prit de curiosité et se fâcha ; elle fit entrer de force des gens qui n'étaient point de la maison. — Dès lors, tout alla mal. Mais, au bon temps, voici comme ça se passait :

Au premier acte, il s'agissait d'attraper Jacques Bonhomme, pour qu'il mît dans l'urne beaucoup de bons bulletins, voire même pour les mettre à sa place. On exécutait les tours les plus variés ; quand la majorité était belle, peu importaient les frais ; cette industrie rapportait beaucoup au budget.

Ce n'était pas seulement dans l'élection des députés que l'administration montrait son adresse ; là sans doute se faisaient les grandes manœuvres ; mais aux élections des conseils généraux, sur un champ plus limité, on soignait mieux les détails ; les candidats pouvaient tout surveiller, et quelques-uns y ont mis un art qui seul les a rendus célèbres : pas un hameau qui fut oublié, pas une liberté qui ne fut menacée, pas un intérêt qui n'eût son piége. Parliez-vous un peu librement ? Songez que bien des gens sont à Cayenne ; on serait fâché de vous arrêter aussi. Aviez-vous un café, une auberge? L'administration pourrait les fermer ; on vous le rappelait par intérêt pour vous. Etiez-vous instituteur, employé du gouvernement ? En bonne justice vous lui deviez votre concours. Une commune avait-elle besoin de quelque secours, on verrait après l'élection. Parfois même, un candidat propre à tout s'en allait, avec nombreuse escorte, planter des jalons dans les champs ; on accourait de toutes parts, que se propose-t-on de faire ? Un chemin si Monsieur est élu.... Dans les affaires privées, ces habiletés-là se nomment escroquerie, dans celles de l'empire, c'était haute politique. Les besoins publics satisfaits avec nos impôts étaient des faveurs de l'administration ; pour les obtenir, il fallait lui plaire. Voilà les leçons qui venaient d'en haut, l'élection était devenue la grande école de l'immoralité.

Les candidats officiels ayant ainsi obtenu grand succès, on déclarait que la société était sauvée, et l'on fermait les portes ; c'était le second acte ; surtout point de publicité, ni de contrôle. Les créatures de l'empire ne supposaient pas qu'elles dussent le moindre compte aux électeurs. Ne leur suffisait-il pas d'apprendre, six ans, neuf ans après, à l'élection suivante, que Monsieur le préfet, content de ceux qu'il avait choisis lui-même pour surveiller sa gestion, recommandait de ne point les changer.

Aussi, depuis le 2 décembre, le pays n'a guère su ce qui se passait au sein de ses conseils généraux. Dans les dernières années de l'empire seulement, les journaux obtenaient communication d'un compte-rendu sommaire où le nom des orateurs n'était point indiqué, et souvent cette communication ne leur était donnée que plusieurs mois après la session.

Ce serait donc une étude instructive et curieuse que de faire dans chaque département l'histoire administrative des vingt dernières années. Quelles révélations en sortiraient ! Mais les préoccupations du présent laissent peu de place aux revues rétrospectives : rappelons seulement quelques actes du conseil général de Loir-et-Cher sous l'empire, par exemple le don du château de Blois au prince impérial, qui fut pendant trois ans la grosse affaire du conseil. Cette générosité, faite à nos dépens, nous a imposé de lourds sacrifices qui pèsent encore sur nous : elle a failli coûter cher au pays tout entier, car le conseil général voulait encore donner au prince trois des plus belles forêts de l'État. L'histoire ne manque pas d'intérêt, et quoique un peu vieille déjà, elle peut servir d'exemple et de leçon.

On a évité avec soin toute attaque contre les personnes mêlées aux actes qui sont rappelés ici ; l'auteur sait bien que, même aujourd'hui, il ne manquerait pas de gens prêts à les imiter et impatients de prouver leur zèle à n'importe quel prince ; c'est pour cela qu'il a écrit ces pages : elles montrent aux citoyens comment leurs intérêts sont défendus par ceux qui s'intitulent si faussement les amis de l'ordre, et qui, sous les monarchies, s'en vont vantant partout leur dévouement au roi, leur zèle pour l'autorité et les faveurs qu'ils en obtiennent ; elles font assister le public, qui en était exclu, à quelques séances du conseil général.

Qui eut l'honneur de penser le premier à la dotation du prince impérial ? Plusieurs se le disputaient naguère. Aujourd'hui, nul ne réclame. Ce n'était après tout qu'une contrefaçon ; l'invention venait de plus loin. Déjà, en 1821, on avait eu l'ingénieuse idée d'offrir Chambord au duc de Bordeaux, alors en nourrice. Chambord est plein de revenants, et on assure que ce prince y est récemment apparut avec son drapeau ; il a dit qu'il était roi, que c'était là son principe. Puis tout s'est évanoui. Les âmes dévotes assurent qu'il reviendra en grande pompe, suivi du clergé et de la noblesse ; mais on n'y croit pas plus qu'au miracle de La Salette. Voilà les idées qu'éveillent les vieux châteaux.

Dans le temps où l'on offrait Chambord à Son Altesse, un de nos voisins, Paul-Louis, vigneron à Véretz, adressa au conseil municipal de sa commune un petit discours plein de choses bonnes à relire :

« Chambord, qu'on veut donner au prince pour sa layette, fut au comte de Saxe le prix d'une victoire qui sauva la France à Fontenoy. La France par lui libre, je veux dire indépendante, délivrée de l'étranger, au-dedans florissante, respectée au dehors, fit présent de cette terre à son libérateur qui s'y vint reposer de trente ans de combats. Monseigneur n'a encore que six mois de nourrice, et, il faut en convenir, de Maurice vainqueur, au prince à la bavette, il y a quelque différence..

.... Récompenser l'enfant d'être venu au monde comme le capitaine qui gagna des batailles, et, par d'heureux exploits, acquit à ce pays la paix et la gloire, c'est ce qu'on n'a point vu, c'est là l'idée nouvelle, qui ne nous fut pas venue sans l'avis officiel. Pour inventer cela, et mettre à la place des soldats du comte de Saxe les dames du berceau, il faut avoir, non pas l'esprit, mais le génie de l'adulation, qui ne se trouve que là où ce genre d'industrie est puissamment encouragé ; ce trait sort des bassesses communes et met son auteur, quel qu'il soit, hors du gros des flatteurs de cour. Il se moque fort apparemment de ses camarades, qui, marchant dans la route battue des vieilles flagorneries, ne savent rien imaginer ; on va l'imiter maintenant jusqu'à ce qu'un autre aille au-delà... »

Sur ce, Paul-Louis fut accusé d'avoir offensé la morale, en parlant mal des courtisans et d'avoir méchamment refroidi l'enthousiasme, paralysé l'élan des cœurs plus généreux que le sien ; il fut condamné à l'amende et à la prison, ce qui ne prouve pas qu'il avait tort, même en annonçant que l'inventeur de la souscription trouverait des imitateurs, et qu'il serait dépassé.

C'était, en 1860, le même enthousiasme, le même élan ; on avait trouvé un nouveau prince à doter ; sa naissance, disait-on, n'était pas moins miraculeuse que celle de l'autre ; la providence s'en était mêlée ; sur lui reposaient les destinées de la France qui évidemment était perdue sans l'empire...

Mais en 1821, Chambord était le prix d'une souscription, et à condition de ne rien dire, on pouvait, à la rigueur, ne rien donner. Sous l'empire, nos conseillers généraux n'y mirent pas tant de façon ; ils donnèrent notre bien et nous chargèrent d'un gros impôt. C'est plus tôt fait.

Depuis quelque temps, toute la bande officielle était en campagne : le 17 août 1860, M. le Maire de Blois, lit au conseil municipal un long rapport dont voici les plus beaux passages :

« Il règne à Blois, dans la pensée publique, l'opinion que notre château, reprenant sa destination princière, deviendra résidence impériale...

« .... Comment se fait-il que lorque les moindres projets ont à Blois tant de peine à prendre racine dans l'opinion publique, celui-là, qui est chose considérable, ait de suite été acclamé par tous. »

Il est facile de l'expliquer :
Blois a été longtemps le séjour de nos rois...............
Suivant Monsieur le Maire, ils ont comblé la ville de bienfaits ; c'est la première raison pour donner leur château à une autre dynastie.

Il y en a une seconde.

« Notre château est à tous les points de vue un domaine

princier ; il domine la ville, qui s'abaisse autour de lui de tous côtés.... Malgré la destination militaire qui a été donnée à ce domaine, notre château a toujous conservé l'attitude de sa haute destination.

« Aussi, lorsque la providence manifestant a la france son évidente protection, nous a donné le prince impérial, notre cité a-t-elle senti se réveiller ses souvenirs traditionnels, et avec eux l'espérance que notre château pourrait reprendre sa destination monarchique, et que notre cité pourrait retrouver son noble patronage. »

M. le maire, d'ailleurs, fait les plus beaux projets : la seule chose qu'il oublie, c'est la dépense.

« Maintenant que par la pensée on se représente toutes les parties du château complètement restaurées, que son ancien et magnifique jardin lui soit rattaché à l'aide d'un nouveau pont faisant revivre celui qui a été détruit, que les mâsures qui l'étreignent de deux côtés soient supprimées, et que même les constructions modernes qui ont envahi les alentours de la place soient elles-mêmes rasées ; que cette place ainsi dégagée soit ornée de plantations et encadrée comme au vieux temps, par les gracieuses et riches balustrades en pierre dont quelques vestiges existent encore, et qu'ainsi cette place redevienne une magnifique terrasse régnant sur la ville et dominant la Loire, et on se rendra compte qu'un pareil domaine soit digne en tous points d'être une résidence impèriale (1). »

Il n'en fallait pas tant ; l'enthousiasme débordait d'avance :

LE CONSEIL MUNICIPAL :

S'associant aux considérations présentées dans le rapport

---

(1) Voici comment on évaluait la dépense :

Restauration du château et dispositions intérieures
environ .... fr. 3.000.000

Acquisition des maisons de la place du Château,
transformation de cette place en cour d'honneur, avec
terrasse et construction d'un pont sur les fossés du
château, au moins 1.000.000

Ameublement du château, environ, ... 2.000.000

et s'estimant HEUREUX de pouvoir ainsi témoigner de son PROFOND DÉVOUEMENT pour l'empereur et sa dynastie,

Délibère à l'unanimité et par acclamation :

« Le château de Blois et l'enclos des Lices qui en formait
« autrefois le jardin, sont offerts par la ville à Sa Majesté
« l'empereur pour faire partie de la dotation du prince
« impérial.

« La présente délibération sera transmise au Conseil gé-
« néral en lui demandant d'appuyer, par un vœu auprès de
« Sa Majesté, l'offre de la ville et de concourir aux dépenses
« considérables que ce projet, s'il se réalise, va nécessaire-
« ment occasionner. »

L'enclos des Lices avait été acheté 70,000 fr. par la ville, long-temps avant qu'on eut inventé la dotation du prince. On devait y bâtir à peu de frais une annexe à la caserne, qui n'occupait plus au château que la partie de Gaston. Cette partie n'a rien de remarquable et pouvait garder sans inconvénient cette destination ; mais du moment où l'on transformait le château en un palais inutile, il fallait acquérir un autre terrain et construire à grands frais une nouvelle caserne ; c'était au moins 1,200,000 fr. de dépense immédiate et, plus tard, quelques millions pour rendre le *monument à sa haute destination.*

Le 28 août 1860, le rapport de M. le maire est lu au Conseil général ; il a un grand succès. Le président du Conseil, piqué d'émulation, éprouve le besoin de faire un discours non moins beau. Redire la même chose eut été trop pâle ; il fallait amplifier. Le bien public ne coûte rien ; le Conseil général offre donc, non-seulement le château, mais les trois forêts de Blois, de Russy et de Boulogne, 9,666 hectares en futaies dont la valeur, en raison de la richesse du sol et des superficies, s'élève à 80 millions au moins. Encore cela ne devait être qu'une partie de la dotation du prince.

Citons d'abord les parties les plus remarquables du discours du président :

« Le Conseil général a, dans tous les temps, donné des preuves trop manifestes DE SON DÉVOUEMENT A L'EMPEREUR ET A SA DYNASTIE pour ne pas accueillir avec empressement une pensée aussi ÉMINEMMENT NATIONALE, qui ferait revivre dans la personne de l'héritier du trône les anciennes traditions monarchiques du château de Blois.

« Les souvenirs qui s'y rattachent en font un des monuments les plus précieux de notre histoire. Il rappelle à la fois des noms illustres et des faits mémorables (1). »

Suivent des détails historiques.....

« Il y a donc une IDÉE GRANDE ET FÉCONDE dans l'hommage que fait aujourd'hui la ville de Blois au prince impérial.

« Mais il faut le reconnaître, pour accomplir CETTE ŒUVRE DE RÉGÉNÉRATION, DE GRANDES DÉPENSES SONT INDISPENSABLES.... et personne n'oserait proposer à Sa Majesté d'accepter un hommage dispendieux pour la liste civile.

« Nous avons pensé que cette difficulté en apparence si radicale pourrait être heureusement aplanie et que le Conseil général aurait l'honneur d'y contribuer en émettant un vœu qui serait le complément indispensable et naturel du projet.

« L'ancien domaine de Blois se composait, entre autres propriétés, des trois grandes forêts qui l'entourent, celles DE BLOIS, DE RUSSY ET DE BOULOGNE ; leur contenance est de 9,666 HECTARES ; le revenu actuel a été pour les trois dernières années de 745,275 francs et il doit s'élever, par suite de nouveaux aménagements à 8 OU 900,000 FRANCS.

« Aujourd'hui le prince impérial n'a pas encore de dotation ; il faudra NÉCESSAIREMENT ET BIENTOT Y POURVOIR, et nous osons espérer que le Sénat, appréciant l'importance et la portée de ce projet, accueillera la pensée NATIONALE ET DYNASTIQUE de reconstituer l'ancien domaine de Blois en faveur du prince sur lequel REPOSENT NOS DESTINÉES.

« La dotation serait alors EN PARTIE IMMOBILIÈRE, et composée des trois forêts qui seraient distraites par une loi du domaine de l'État.

« Les revenus des forêts pourraient être appliqués jusqu'à la majorité du prince, à la restauration du château ; trois ou quatre ans suffiraient, avec la subvention ordinaire de l'État, pour compléter la restauration, et pendant que le jeune prince aurait grandi, GAGE POUR NOUS D'AVENIR ET DE SÉCURITÉ, le vieux monument serait sorti de ses ruines et serait redevenu ce qu'il était sous les anciennes monarchies, LE SPLENDIDE APANAGE DE L'HÉRITIER DU TRÔNE. . . . .

« . . . . Vous reconnaîtrez sans doute que non-seulement la ville de Blois, MAIS LE DÉPARTEMENT TOUT ENTIER, doivent participer aux avantages qui s'attachent à une résidence impériale et que votre concours pourra seul rendre possible la réalisation d'une espérance si favorable à l'avenir de notre pays et qui sera accueillie AVEC ORGUEIL par toutes les sympathies de nos populations. »

En cet heureux temps, tout le monde était d'accord ; c'était à qui montrerait le plus de zèle.

Aussi LE CONSEIL GÉNÉRAL vote à L'UNANIMITÉ les trois résolutious que voici et qui sont suivies d'UNE ACCLAMATION GÉNÉRALE DE : VIVE L'EMPEREUR !

« Le Conseil général s'associe AVEC BONHEUR A LA PENSÉE NATIONALE ET POPULAIRE du Conseil municipal de la ville de Blois, qui fait hommage à l'empereur du château de Blois et de ses dépendances, à titre de dotation pour le prince impérial et IL SUPPLIE Sa Majesté de vouloir bien l'accepter.

« Le Conseil général émet en outre le vœu que la reconstitution du domaine de Blois ait lieu en faveur du prince ; que ce domaine FASSE PARTIE DE SA DOTATION et qu'il soit NOTAMMENT COMPOSÉ DES FORÊTS DE BLOIS, DE RUSSY ET DE BOULOGNE ;

« Enfin, il s'engage à concourir de tout son pouvoir avec la ville de Blois aux dépenses du casernement qu'il sera nécessaire de construire pour remplacer celui du château. »

Sous Louis-Philippe, la Chambre des députés avait voté un million de dot au duc d'Orléans à l'époque de son mariage. Ces Messieurs du Conseil général de Loir-et-Cher faisaient mieux les choses ; ils offraient à eux seuls un château et trois forêts, valant 80 millions pour *faire partie* de la dotation d'un prince de cinq ans. — Les courtisans sont les vrais amis du progrès.

Le 24 février suivant, l'empereur reçoit les députations du Conseil général et du Conseil municipal. Voici en quels termes le maréchal Vaillant rend compte de cette audience au préfet de Loir-et-Cher :

« Monsieur le Préfet,

« Sa Majesté l'empereur A DAIGNÉ recevoir, le dimanche 24 février, la députation du Conseil général et du Conseil municipal de Blois, qui étaient venues lui offrir, pour Mgr le prince impérial, l'hommage du château de Blois et de ses dépendances.

« L'empereur a été profondément touché de cet acte spontané du département de Loir-et-Cher qui, DEVANÇANT l'époque où l'héritier présomptif de la couronne sera en âge d'avoir un établissement, a voulu, dès à présent, se rattacher à la dynastie impériale par un NOUVEAU LIEN D'AFFECTION ET DE DÉVOUMENT. Et je me conforme aux ordres de Sa Majesté, en vous faisant connaître qu'Elle a DAIGNÉ AGRÉER le vœu qui lui a été soumis par la députation.

« Le château de Blois, jusqu'au moment où Sa Majesté en prendra possession au nom de Mgr le prince impérial, sera administré dans les mêmes conditions que par le passé et SANS INTERVENTION DE L'ADMINISTRATION DE LA LISTE CIVILE IMPÉRIALE.

« Vous pouvez, Monsieur le préfet, porter à la connaisance de vos administrés la décision de l'empereur, que je suis chargé de vous notifier, et qui, je n'en doute pas, sera accueillie par eux AVEC UNE RESPECTUEUSE GRATITUDE.

« Recevez, Monsieur, etc.

« *Le Maréchal de France, ministre de la Maison de l'Empereur,*

« Signé VAILLANT. »

L'empereur daignait accepter notre château à la condition *qu'il serait administré sans intervention de la liste civile*, c'est-à-dire que tous les frais d'entretien et même de restauration resteraient à notre charge. Nous devions en effet être pénétrés d'une RESPECTUEUSE GRATITUDE.

Au mois d'août 1861, le Préfet ouvre la session du Conseil général en lui annonçant l'acceptation de l'empereur. N'était-ce pas la plus grande préoccupation du Conseil !

« Messieurs, vous avez inauguré votre dernière session par une manifestation en faveur du prince sur lequel reposent les destinées de la France..... S. M. a été profondément touchée de la spontaneité de votre offre et je suis heureux, Messieurs, de vous en donner ici l'assurance, car votre initiative a, par un nouveau lien de respectueuse affection, plus ortement attaché, à la dynastie impériale, le pays dont vous représentez les intérêts.

« C'est AINSI que jusqu'à présent vos SOINS ONT FAIT LA PROSPÉRITÉ DE NOS POPULATIONS, ET QUE LA PERSÉVÉRANCE DE VOS EFFORTS ASSURE LEUR AVENIR..... »

Enrichir les princes, c'est faire la prospérité des peuples; les fonctionnaires des princes ont toujours été de cet avis. Pourtant lorsqu'on dépouille les gens, mieux vaudrait ne pas se moquer d'eux.

La question du château de Blois est de nouveau agitée au Conseil général dans les deux séances du 27 et du 30 août. Alors sont votées les grandes résolutions, qui aujourd'hui encore grèvent si lourdement nos finances.

Les membres présents sont:

MM.		MM.	
Crosnier, *président*;		De la rue du Can;	
Bergeron d'Anguy;		Martellière;	
Bergevin;		Martin;	
Berthier;		Martinet;	
Bezard;		Vte des Méloizes;	
Boinvilliers;		Meurville;	

Boussion ;
Bozérian ;
Chauvin ;
Vte Clary ;
Forcade-Prunet ;

Pesson ;
Rance ;
Riffault-Blau ;
Eugène Riffault ;
Romieu (1).

Le 27 août :

« Le Conseil général renouvelle a l'unanimité le vote par lui émis de concourir de tout son pouvoir, avec la ville de Blois, aux dépenses qui seront nécessaires pour remplacer la caserne actuellement établie dans le château, et décide, quant aux voies et moyens, que la question sera renvoyée à la commission des finances. »

Le 30 août, le rapporteur de cette Commission s'exprime ainsi :

« Vous avez voulu que Blois reprenant sa destination historique devint résidence impériale.....

« .... Le moment est venu d'acquitter vos engagements et de fixer par un chiffre le concours par vous promis.

« Votre commission des finances a pensé qu'il s'agissait, pour le département de Loir-et-Cher, d'un acte éminemment politique, auquel il importait d'associer, non pas seulement l'arrondissement de Blois, mais encore les deux arrondissements de Vendôme et de Romorantin, c'est-à-dire le département tout entier..., .

« .... En pareille occasion, Messieurs, donner et donner magnifiquement est chose facile ; quand le cœur est riche, les mains ne sont point avares. Nous n'avions qu'à céder à un sentiment que vous partagiez tous ; mais, à côté de cet entraînement que nous n'avons pas cherché a combattre, se pla-

<hr>

(1) Deux membres étaient absents : MM. de la Saussaye et Moreau.

M. Moreau avait pris part au vote unanime du 28 avril 1860. M. de la Saussaye était également absent, mais il assistait à la séance du Conseil municipal du 17 août 1860, où l'offre du château à l'Empereur avait été votée à l'unanimité et par acclamation.

çait pour le Conseil général un devoir à remplir ; vous êtes les tuteurs du département, et c'est à ce titre que le soin de ses finances vous est confié. Il fallait donc concilier notre dévouement à l'Empereur avec la mission que la loi nous impose et nous confie.... »

Voici comment la commission des finances comprend cette conciliation :

« .... A ceux qui, MÊLANT SANS CESSE UNE QUESTION DE CHIFFRE A UNE QUESTION EE DÉVOUEMENT, viendraient se plaindre du secours puissant que vous accordez à la municipalité de Blois, répondez hardiment : QU'AUCUN SACRIFICE SI CONSIDÉRABLE QU'ON LE SUPPOSE ne saurait jamais égaler les avantages que notre département retirerait de la présence d'un souverain qui, partout où il s'arrête, porte avec lui la vie et la prospérité.... »

En définitif, la commission propose de fixer le chiffre de la subvention du département à SIX CENT MILLE FRANCS, savoir : cinq cent mille francs à la ville de Blois, pour concourir aux dépenses qu'entraîne le don du château, cinquante mille francs à Romorantin, cinquante mille francs à partager entre Vendôme et Montoire. C'est un dédommagement que l'on accorde à ces villes pour les impôts dont le département va être chargé.

Mais quoi, tout le monde n'est pas d'accord ! O scandale ! il y a discussion. Nous copions le procès-verbal officiel :

« Après la lecture du rapport, un membre demande la parole (1).
« Son étonnement est grand, dit-il, de voir une subvention

____

(1) M. Bozérian, qui venait d'être nommé au Conseil général par le canton de Vendôme.

Le procès-verbal n'indique pas les noms des orateurs.

aussi considérable accordée par le département et pour quel intérêt ? Pour un intérêt politique, pour un intérêt matériel, dit-on ; quant à l'intérêt politique, il n'a pas à s'expliquer sur ce point déjà sanctionné par deux votes du Conseil général ; quant à l'intérêt matériel, il veut suivre les conseils du rapporteur, et veiller aux intérêts financiers du département ; aussi se demande-t-il, non sans inquiétude, quels seront les avantages que retirera le département de la présence du prince impérial ; pour la ville de Blois, les avantages sont nombreux, incontestables ; chez elle brillera le soleil, mais ses rayons franchiront-ils ses murs ? il en doute, quant à lui, et votera seulement une somme de trois cent mille francs, en admirant l'habileté avec laquelle on a rendu solidaires les trois arrondissements afin de grossir le chiffre de la subvention.

« Un membre du Conseil prend immédiatement la parole : Quant à lui, il ne saurait comprendre aucune hésitation ; il accepte la comparaison employée par le préopinant, et si le soleil brille à Blois, ses rayons s'étendront sur tout le département ; le passé à cet égard lui garantit l'avenir ; l'Empereur n'habitait pas Blois lors des inondations du Rhône et de la Loire, et cependant l'empereur était partout où il se trouvait un encouragement à donner, une souffrance à soulager.

« Un autre membre du Conseil demande la parole : Pour lui les avantages que retirera la ville de Blois de la présence du prince impérial existent, sans doute, mais non dans la mesure qu'on signalait au Conseil ; ce n'est pas la cour qui viendra s'établir au château de Blois, c'est un hôte auguste qui viendra le visiter de temps en temps et toujours trop rarement. Quant à la solidarité des trois arrondissements, elle lui semble impossible à nier, cette solidarité politique, administrative et judiciaire constitue l'être moral qui forme le département de Loir-et-Cher. Ce n'est pas une habileté que d'avoir fait participer les trois arrondissements à la subvention départementale, c'est un acte de justice.

« M. le président prend la parole : Il rougirait, quant à lui, de traiter le petit côté de la question et de mettre en regard les dépenses du département et les avantages que le département peut retirer de la présence du prince impérial ; il s'agit non, d'une opération commerciale, mais d'un acte politique dont la portée et la signification ne peuvent être méconnues.

« Dans l'offre faite à l'empereur et acceptée par Sa Majesté, il y a bien autre chose que la bienveillance impériale acquise au département, il y a l'occasion de dire hautement sous quelle bannière on prétend marcher ; pour lui les couleurs napoléonniennes sont les bienvenues, et il se réjouit de les voir flotter sur le château de Blois.

« Plusieurs membres réclament la clôture de la discussion.

« On met aux voix les conclusions du rapport qui sont adoptées aux cris de : VIVE L'EMPEREUR ! »

Pourtant, le vote n'était pas unanime ; une voix manquait (1) ; Ratapoil fut indigné.

Quant aux voies et moyens pour se procurer cette somme de six cent mille francs, la combinaison proposée par la commission et adoptée par le Conseil général présentait quelques irrégularités. Sur l'avis du ministre, elle dût être modifiée l'année suivante et a définitivement consisté en ceci : le département empruntait 600,000 fr.; il était pourvu au service des intérêts et de l'amortissement par les ressources suivantes :

Prolongation jusqu'à la fin de 1875 de l'imposition extraordinaire de huit centimes qui devait expirer en 1866.

Prolongation jusqu'à la fin de 1866 de l'imposition de deux centimes affectés jusqu'alors à l'achèvement des chemins d'intérêt commun.

Prélèvement jusqu'en 1867 des intérêts de l'emprunt sur le produit des impositions extraordinaires affectées aux routes départementales et aux chemins vicinaux.

Ainsi donc, le vote du Conseil avait pour résultat de nous frapper d'une imposition extraordinaire de huit centimes

____

(1) Celle de M. Bozérian.

pendant neuf ans, d'une autre de deux centimes pendant un an et d'enlever pendant trois ou quatre ans aux routes départementales une partie des ressources déjà insuffisantes qui servaient à leur entretien (1).

Mais pour se rendre compte des conséquences désastreuses de cette mesure, quelques détails sont nécessaires sur la situation du département.

L'imposition extraordinaire de huit centimes autorisée par la loi du 19 juin 1854 jusqu'en 1866 était destinée, partie au remboursement des emprunts, partie à des travaux d'amélioration urgents ; mais, par suite de l'insuffisance des ressources affectées à l'entretien des routes départementales, il avait fallu prélever sur cette imposition, sous le nom de *rechargements exceptionnels de chaussées*, des allocations qui servaient à couvrir de véritables dépenses d'entretien.

Or, en 1866, il devait encore rester pour huit cent cinquante mille francs de travaux neufs ou d'amélioration urgents à exécuter sur nos routes ; on pouvait les entreprendre, tout en allégeant le poids des impôts, en prolongeant pour partie seulement l'imposition extraordinaire de huit centimes qui arrivait alors à son terme.

(1) On peut s'étonner qu'aucune protestation ne se soit élevée : il faut accuser la prostration de l'esprit public, la crainte que l'Empire inspirait alors, l'asservissement de la presse et l'absence des documents officiels. Peu de personnes se rendaient compte de l'étendue des sacrifices qu'entraînait le don du château, et plusieurs ont adhéré à des actes que, mieux instruites, elles auraient certainement réprouvés.

L'auteur de cet écrit, — bien qu'il n'eut pas alors tous les documents qu'il a depuis recueillis, — a fait ce qu'il a pu pour s'opposer à cette libéralité fatale au pays. Il s'était entendu avec les députés de l'opposition, *les cinq*, qui tous alors étaient ses amis, pour que la loi qui autorisait l'emprunt de 600,000 fr. fut combattue au Corps législatif. On chargea de l'affaire M. Darimon, qui depuis... Mais la loi fut votée à la hâte dans les derniers jours de la session, et M. Darimon, pressé par le temps, ne trouva pas l'occasion de parler.

L'auteur tenta aussi de publier des articles dans les journaux qui paraissaient à Blois, mais l'administration municipale arrêta leur insertion.

Mais du moment où cette imposition toute entière était absorbée par l'emprunt du prince impérial — six cent mille francs et trente mille francs d'intérêts — ces entreprises se trouvaient pour longtemps ajournées.

En même temps il devenait impossible de pourvoir aux besoins les plus urgents.

Depuis longtemps les Conseils d'arrondissement et plusieurs Conseils municipaux réclamaient le classement comme routes départementales de divers chemins de grande communication dont l'entretien était trop onéreux pour les communes, notamment du chemin n° 1 de Blois à Sully, du chemin n° 3, de Romorantin à Sancerre, du chemin n° 5, de Vendôme à Beaugency, du chemin n° 9, de Bléré à Selles-sur-Cher.

Voici comment le Préfet s'exprime sur ces demandes, dans son rapport de 1861 :

« J'ai fait remarquer que vous ne pouviez, Messieurs, classer de nouvelles routes, tant que vous ne pouviez affecter que DES CRÉDITS SI INSUFFISANTS à l'entretien de celles qui ont été précédemment classées et tant que le département supporterait pour les travaux d'amélioration de ces routes une imposition extraordinaire qui ne cessera qu'en 1867 et dont le produit ne suffira pas pour l'exécution de toutes les dépenses énumérées dans le rapport de M. l'ingénieur Grenet, en 1854. »

Dans la séance du Conseil général du 28 août, le Rapporteur de la Commission des travaux conclut à son tour en ces termes :

« Votre commission des routes éprouve le plus vif regret que la situation financière du département ne permette pas de pouvoir classer une seule route départementale, surtout celle de Vendôme à Beaugency, dont le classement est réclamé depuis tant d'années. Elle se joint à M. le Préfet pour vous proposer de nouveau d'ajourner le classement de ces chemins de grande communication. »

Le Conseil général approuve sans qu'aucune réclamation ne s'élève, les conclusions de la Commission.

C'était la veille qu'il avait, pour la seconde fois, voté le don du château, et qu'il s'était engagé à concourir de *tout son pouvoir* aux dépenses nécessaires. C'est deux jours après, qu'il trouvait six cent mille francs pour témoigner de son zèle envers l'empereur.

Si l'on veut savoir quelle charge l'entretien de ces chemins impose aux communes, nous prendrons pour exemple celui de Vendôme à Beaugency. Son parcours sur le département de Loir-et-Cher est de 42,400 mètres ; il a coûté en 1868, dernière année dont nous connaissions les chiffres :

Centimes spéciaux départementaux	7.779 fr.	99 c.
Contingents communaux.........	7.373	98
Prestations en nature...........	6.349	26
TOTAL........	21.503 fr.	23 c.

Dont 13,723 fr. 24 supportés par les communes.

Depuis 1867, elles auraient pu être exonérées de cette dépense, n'était l'emprunt du prince impérial.

A la session suivante, celle de 1862, le Conseil général est saisi d'une demande de souscription en faveur de la société du prince impérial.

« M. le président pense qu'il faut profiter de cette occasion pour donner une nouvelle preuve de respect et de sympathie au prince QUI A PRIS LE DÉPARTEMENT SOUS SA PROTECTION. »

Un membre propose de fixer la souscription à deux mille francs.

Cette allocation est votée par le conseil.

Le prince était âgé de six ans ; ses notions en géographie ne s'étendaient pas jusqu'au département QU'IL AVAIT PRIS SOUS SA PROTECTION.

Cet heureux département continuera à payer jusqu'à la fin de 1875, huit centimes additionnels pour avoir eu l'honneur de lui offrir un château.

Quels avantages pouvait-il retirer de tant de flatteries et de si lourds sacrifices ?

AUCUN !

C'était certain d'avance.

On en sera plus convaincu en lisant le simple discours que voici ; Après les observations si justes de M. Bozérian, il eut servi de réponse à ces conseillers généraux qui criaient à l'envi : Sire, le zèle de votre maison nous dévore !

UN DISCOURS

QUE L'ON AURAIT PU FAIRE

Messieurs,

Mes électeurs m'ont chargé de leur faire faire des chemins, des maisons d'école, de veiller à leurs intérêts, de réclamer pour eux un peu de liberté, de réduire leurs impôts à ce que leurs besoins exigent ; mais quant à donner leur bien au prince impérial, ils ne m'en ont point parlé. L'empereur a déjà vingt châteaux, autant de forêts, vingt-cinq millions de rentes que nous lui payons chaque année, plus les dotations de ses parents ; avec sa famille il nous coûte plus de cent mille francs par jour ; nous ne sommes point disposés à augmenter nos charges pour leur donner encore plus, et je n'aurais pas d'ailleurs accepté cette mission là.

J'étais attaché à la République ; Louis Napoléon avait juré de la maintenir ; il s'est fait un jeu du parjure, il a égorgé ceux qui s'étaient armés pour elle, il a enseigné aux soldats à violer l'Assemblée nationale, il a fait condamner par ses juges ceux qui défendaient les lois, il a envoyé en exil nos meilleurs généraux, nos citoyens les plus illustres (1); sa Constitution ressemble à ces actes frauduleux où le gérant vole les actionnaires ; sous le nom de volonté nationale, elle rétablit le pouvoir absolu ; c'est l'arbitraire rédigé en articles de loi. Grâce à lui, nous avons retrogadé au-delà de de 1789, sous un despotisme à la fois violent et hypocrite, qui chaque jour corrompt davantage la nation.

Vous voulez témoigner votre reconnaissance à cet honnête homme. Pour cela seul votre projet m'indigne. Mais, en même temps, vous parlez de grands avantages pour notre pays ; il faudrait s'entendre ; quel but poursuivez-vous ? Si c'est une spéculation, qu'il ne soit plus question de votre dévouement. Si c'est un hommage désintéressé à l'empire, cessez de nous vanter les profits.

S'agit-il d'une manifestation dynastique ? l'affaire ne me regarde pas. Toutefois, vous devriez puiser dans votre bourse ; on n'est pas généreux avec le bien d'autrui. Qui vous empêche d'acheter au prince un château à vos frais et de lui offrir vos propres bois ? Mais donner une propriété publique, faire votre cour en levant des impôts, c'est pour les conseils généraux un droit tout nouveau qu'on a oublié d'écrire dans la loi.

---

(1) Après avoir massacré sur les boulevards la foule sans armes, même les femmes et les enfants, afin de jeter la terreur dans Paris, puis noyé dans leur sang ceux qui défendaient la Constitution, Louis-Napoléon inaugura son pouvoir en expulsant du territoire français MM. Thiers, de Rémusat, aujourd'hui ministre des affaires étrangères, les généraux Changarnier, Bedeau, Lamoricière, Le Flô, le colonel Charras, Quinet, Victor Hugo, Marc Dufraisse, Duvergier de Hauranne, Victor Chauffour, Joigneaux, Laboulaye, J de Lasteyrie, Théodore Bac, Bancel, Pereira hierencore préfet du Loiret.....
Nous citons quelques-uns seulement des noms les plus connus ; les hommes les plus honorables et les plus illustres de la France étaient, presque tous frappés. Le nombre des proscrits fut immense, il se comptait par milliers.

Vous faites, dites-vous, la fortune du pays ; M. votre rapporteur déclare « qu'aucun sacrifice si considérable qu'on le suppose, ne saurait jamais égaler les avantages que notre département retirera de la présence d'un souverain, qui partout où il s'arrête, porte avec lui la vie et la prospérité.... (1) » Nous voilà revenus à la question des bénéfices : Tout d'abord, vous commencez par nous dépouiller. Pour vous ; donner aux princes, est le vrai moyen d'enrichir le peuple. Ce qui m'afflige, c'est qu'il y a des gens qui vous croient ; me voilà obligé de discuter vos promesses.

Vous nous annoncez un hôte Auguste ; le soleil brillera à Blois ; ses rayons s'étendront jusqu'au dernier hameau du département.... (2) Empêchera-t-il nos vignes de geler ? nos terres produiront-elles plus de blé et de fourrage ? En quoi donc nos culsivateurs de la Sologne et de la Beauce, voire même nos voisins de Vineuil ou de Villebarou se trouveront-ils plus riche ?

Mais quel sera cet hôte auguste ? Est-ce l'empereur que vous attendez ? Sérieusement, croyez-vous qu'il viendra ?

La dotation immobilière de la couronne dont l'empereur a la jouissance, comprend, aux environs de Paris, les châteaux, maisons, bâtiments, terres, prés, fermes, bois, forêts, — je cite la loi — comprenant les domaines de Versailles, Marly, Saint-Cloud, Meudon, Saint-Germain, Compiègne, Fontainebleau, Rambouillet. — Je ne parle pas de ceux qui sont plus éloignés, comme Strasbourg.

L'empereur n'a que l'embarras du choix ; sans s'éloigner de la capitale, il passe l'été à Meudon, l'automne à Compiègne, entre temps il fait une visite à Fontainebleau, une chasse à Rambouillet..... partout installations somptueuses, jardins célèbres, tout le luxe royal accru par l'empire. Que viendrait-il faire dans l'enclos des Lices ? Tous ces châteaux n'existaient pas encore lorsque la cour habitait

(1) Voir page 14.

(2) Voir page 15.

Chambord et Blois. Pour les bâtir, nos bons rois ont ruiné nos pères (1) ; Paris, qui grandissait, attirait à lui la monarchie ; ce foyer puissant l'a entraînée dans son orbite ; elle ne peut plus s'en éloigner désormais. Vous assurez vous-mêmes que le génie de l'empereur dirige le gouvernement tout entier. Je vous crois volontiers, en voyant la politique étrangère, les guerres lointaines, la dette qui grossit, la moralité publique qui s'affaisse. Mais pour faire tant de choses, il faut avoir près de soi les ministres et les chambres ; espérez-vous que Blois deviendra la capitale de la France ? Il ne le serait peut-être pas longtemps, Paris connaît bien l'empereur, et lui a voué un amour qui demande à être surveillé sans cesse. Décidément, l'enclos des Lices est trop loin.

Est-ce le prince impérial qui viendra à Blois ? Il a cinq ans ; c'est bien jeune pour vivre à part. Quand il sera grand, son père sera vieux, s'il règne encore, ce qu'à Dieu ne plaise. Le prince aura sur les bras toutes les charges du gouvernement personnel ; à son tour, il ne pourra plus guère s'éloigner de Paris : faire les réclames du jour, frauder les élections, confisquer la liberté, flatter l'armée, envoyer des expéditions aux quatre coins du monde, chercher des alliés, les tromper, en chercher d'autres, jouer tous les rôles, ce n'est pas une mince besogne, même lorsqu'on suit les traditions de son père.

Et puis, d'ici là bien des événements auront passé ; les Tuileries ne portent pas bonheur à ceux qu'elles ont vu naître. S'il arrive quelque accident à l'empire, que ferez-vous de votre prince et de son château ?

Vous ne verrez donc point la cour à Blois, et de fait, nous avons déjà bien assez de courtisans. Mais, dites-vous, le département aura un puissant protecteur (2), le prince de

---

(1) Versailles a coûté, dit-on, 1 milliard ; et suivant le duc de Saint-Simon « Versailles n'a pas coûté Marly, »

(1) Voir page 18.

cinq ans ! Que fera-t-il pour le pays ? L'empereur n'a pas de patrimoine, l'argent qu'il dépense, il le puise d'abord dans nos bourses. D'ailleurs, c'est la Chambre qui règle le budget, et pour les dépenses utiles il est extraordinairement petit. Quand on a payé les intérêts de la dette, la liste civile, l'armée, la marine, les gros traitements, les guerres lointaines, le peu qui reste laisse en souffrance les besoins les plus urgents. Est-ce votre part du budget que vous réclamez ? Vous commencez par donner plus qu'elle ne vaut. Prétendez-vous à des faveurs ? C'est demander la part des autres ; vous espérez donc détourner leurs impôts à votre profit ? Belle entreprise vraiment ! mais qui empêchera les autres de vous imiter et de mettre la satisfaction des besoins publics aux enchères de la flatterie. En vérité cela est-il possible ? Si vous le croyez, que faut-il penser de votre gouvernement. Et si vous ne le croyez pas, que faut-il penser de vos promesses ?

Faisons maintenant le compte des profits et des pertes. Des profits, il n'y en a point ; c'est l'ombre pour laquelle le chien avait lâché la proie.

La perte, au contraire, est bien certaine : laissons de côté les cent mille francs que vous donnez à Romorantin et à Vendôme. Reste pour le département cinq cent mille francs, chaque année vingt-cinq mille francs d'intérêts à payer, plus le capital à amortir, huit centimes additionnels jusqu'à la fin de 1875 ; tous nos travaux ajournés, l'entretien des chemins laissé à la charge des communes, les fonds des routes départementales enlevés pendant trois ans à leur destination.

Pour la ville de Blois une somme plus forte, car la caserne coûtera plus d'un million, et par conséquent force centimes additionnels aux contributions et à l'octroi.

Telle est la première partie de la dépense ; elle serait inutile sans la seconde qui elle-même entraîne la troisième.

Pour rendre, comme vous le dites, le château à sa haute destination monarchique (1), il faut transformer l'ancienne

(1) Voir page 6

caserne en un palais, meubler des appartements royaux, faire de la place une cour d'honneur en abattant toutes les maisons. Total cinq millions et plus. L'Etat, dites-vous, payera la plus grosse part. L'Etat, ce n'est donc pas vous ?

Mais qu'est-ce qu'un château sans terres et sans bois ? Vous l'avez compris vous-mêmes (1). L'enclos des Lïces n'est qu'un jardin de cûré. Autrefois le seigneur avait le vol du chapon ; il faut au prince le vol de l'aigle. Vous lui offrez donc pour ses plaisirs nos trois forêts, dix mille hectares de chasse à la grande bête, valant au moins quatre-vingts millions, que le prince pourra prélever par des coupes sombres, selon son bon plaisir. Bonne affaire, dites-vous, nous donnons encore ce qui ne nous appartient pas. Mais ces forêts, la France les aura en moins. La France ce n'est donc pas vous ?

Heureusement, cela ne dépend pas de vous seuls ; il faut aussi que le Corps législatif y consente, mais pour peu que l'empereur le désire, avec des candidats officiels tout s'arrangera.

Nous avons, Messieurs, bien des souffrances à soulager, des chemins à classer, de nouvelles voies à ouvrir, l'instruction publique à répandre. Vous n'avez point d'argent pour ces choses-là (1), c'est pour elles seulement que je consentirais à voter des impôts, et non point pour le prince. Mais, à vos yeux, ce sont là des idées subversives ; votre politique se résume en deux mots : l'Empereur d'abord, la France après. Avec un tel principe on va loin, et on perd une nation pour sauver une dynastie.

Voir pages 18 et 19.

FIDES
MALA
BONA
DEPRIMIT
ELEVAT
M